BOEKANALYSE

AF126362

Een heel leven voor je

• • • • • • • • • • • • • • • •

Romain Gary

BOEKANALYSE

Geschreven door Amélie Dewez
Vertaald door Nikki Claes

Een heel leven voor je

ROMAIN GARY

Kennis binnen handbereik!

● ● ● ● ● ● ● ● ● ● ● ●

MUST READ

BOEKANALYSE

De Vreemdeling

ALBERT CAMUS

KARL MARX

THE SWOT ANALYSIS

MUST READ

BOEKANALYSE

The Giver

LOIS LOWRY

BOEKANALYSE

De waarheid over de zaak Harry Quebert

www.50minutes.com

Fris uw favoriete onderwerpen op
met onze praktische titels

ROMAIN GARY

FRANSE SCHRIJVER

- **Geboren in Litouwen in 1914**
- **Overleden in Parijs in 1980**
- **Opmerkelijke werken:**
  - *De wortels van de hemel* (1956), roman
  - *Promise at Dawn* (1960), roman
  - *The Life Before Us* (1975), roman

Romain Gary (geboren als Romain Kacew, en ook bekend onder het pseudoniem Émile Ajar) was een Franse roman-schrijver van Joodse afkomst, geboren in Litouwen in 1914. Hij kwam op 14-jarige leeftijd naar Frankrijk. Na zijn rechten-studie diende hij bij de Vrije Franse Strijdkrachten tot het einde van de Tweede Wereldoorlog. Daarna maakte hij een diplomatieke carrière tot 1960. Hij pleegde zelfmoord in Parijs in 1980.

Romain Gary is de enige Franse schrijver die tweemaal de Prix Goncourt heeft gekregen: de eerste keer in 1956 voor zijn roman *De wortels van de hemel*, gepubliceerd onder zijn eigen naam, en de tweede keer in 1975 voor *Een heel leven voor je*, gepubliceerd onder zijn pseudoniem Émile Ajar. Romain Gary staat erom bekend dat hij zijn naam geheim wil houden.

EEN HEEL LEVEN VOOR JE

EEN MEESTERWERK

- **Genre:** roman
- **Referentie uitgave:** Gary, R. (1977) *The Life Before Us.* Trans. Manheim, R. New York: New Directions Books.
- **Eerste editie:** 1975
- **Thema's:** liefde, identiteit, toekomst, kindertijd, emancipatie, verbeelding

De tweede roman gepubliceerd onder de naam van Émile Ajar, *Een heel leven voor je, ontving* de Prix Goncourt in 1975. Het is een liefdesverhaal over Momo, een 11-jarige jongen, en Madame Rosa, een voormalige prostituee bij wie hij woont. Madame Rosa neemt in haar appartement in Belleville in het geheim kinderen van prostituees op. Het bepalende kenmerk van *Een heel leven voor je* is de eerste persoonsvertelling, geschreven door Momo die vanuit zijn eigen perspectief en met zijn eigen taal vertelt over wat er om hem heen gebeurt.

Om de pers voor de gek te houden, had Romain Gary een naast familielid, Paul Pavlowitch, gevraagd om de rol van Ajar op zich te nemen voor het grote publiek. Pas in 1980, toen Gary stierf, ontdekte het publiek zijn truc.

SAMENVATTING

De 11-jarige Momo, zoon van een prostituee, woont "op de zesde verdieping" in het appartement van Madame Rosa in Belleville. Hij ontdekt zijn afkomst pas later, als hij zijn vader voor het eerst ontmoet, die hem de omstandigheden van zijn moeders dood en zijn echte leeftijd leert kennen. Al die tijd had Madame Rosa tegen hem gelogen uit liefde, om hem langer bij haar te houden. Samen met Moïse, Banania en Michel is hij een van de kinderen die door hun geprostitueerde moeders aan Madame Rosa zijn toevertrouwd in ruil voor geld. De voogd van de kinderen is een overlevende van Auschwitz en lijdt aan veel angsten. Op een dag ontdekt Momo een Joodse schuilplaats, een geheime plek verborgen in de kelder: Madame Rosa vraagt hem het aan niemand te vertellen, en dat doet hij ook niet. Van dan af, profiterend van haar angsten, amuseren de kinderen zich door plotseling aan te bellen om haar in ongelooflijke staat van paniek te brengen.

Daar brengt Momo tijd door met meneer Hamil, met wie hij de wijsheid van het leven bespreekt. Uit behoefte aan genegenheid vraagt de jongen om een hond en besluit een kleine grijze poedel te stelen, die hij Super noemt. Hij raakt snel gehecht, maar geeft hem aan een rijke dame in ruil voor vijfhonderd francs, die hij onmiddellijk in een mangat gooit. Bezorgd over deze woede-uitbarsting vraagt Madame Rosa zich af of het misschien iets erfelijks is en raadpleegt Dr. Katz, die haar geruststelt. In de wachtkamer van dokter Katz vertelt Momo echter hoe hij zijn "leeuwin" heeft meegebracht, een denkbeeldige vriendin die een bron van troost is voor het kind, waardoor Madame Rosa's nachtmerries weer opleven. Hij creëert ook een vriend: Arthur, een verklede paraplu waarmee hij de straat op gaat om komedie op te voeren en geld op te halen.

Madame Rosa krijgt bezoek van de buurtpooier, meneer N'Da Amédée, voor wie ze brieven schrijft. Een van zijn twee lijfwachten neemt Momo op zijn knie, wat een nieuwe geweldsuitbarsting van het kind uitlokt.

Men ontdekt dat Madame Rosa's gezondheid beetje bij beetje achteruit gaat: Momo maakt zich zorgen om haar en om zichzelf. Ze moet naar het ziekenhuis, maar ze weigert intensieve medicatie. Bezorgd over hun lot, gaat Momo naar Pigalle om wat geld terug te brengen via "prostitutie": hij slaagt er alleen in de aandacht te trekken van de prostituees die hem vertroetelen als hun kind. Hij ontmoet Madame Nadine bij het bewonderen van de etalage van een warenhuis bij de opera: het is een mechanisch circus waar sterren, koorddansers, clowns en hun spelletjes zich afspelen. In een vlaag van hoop volgt hij haar naar huis.

We vernemen dat dit de dag is die hij tot zijn verjaardag heeft gekozen: toch is hij helemaal alleen voor de viering en wil hij sterven. Hij gaat dan naar het huis van meneer Hamil, die ook ouder wordt. Die dag loopt Momo per ongeluk Madame Nadine weer tegen het lijf. Hij volgt haar naar een kamer waar hij een scène ziet waarin de beelden achteruit bewegen: "Het was als een bioscoop, behalve dat iedereen achteruit liep."

Het meisje werkt in een nasynchronisatie studio: "Het is haar taak om de mensen in de bioscoop met een menselijke stem te laten praten." Momo is gefascineerd door de mogelijkheid om terug te gaan in de tijd.

Ondertussen verslechtert Madame Rosa's toestand: ze ervaart lange perioden van geheugenverlies en vreest dat ze de diagnose kanker zal krijgen en als een plant in het ziekenhuis zal belanden. Terwijl de buurt en meneer Hamil vernemen dat Madame Rosa ziek is, zwerft Momo liever door de straten dan naast een kwijnende Madame Rosa te blijven staan.

De buurt komt in actie voor Madame Rosa: Lola (een travestiete buurvrouw) helpt, en de gebroeders Zaoum (verhuizers) bieden hun diensten aan om de oude dame te vervoeren: ze nemen haar mee door de straten. Meneer Hamil, ook verzwakt door de ouderdom, herhaalt tegen Momo dat hij geen normale jongen is. Op een dag vindt hij mevrouw Rosa naakt in het appartement, terwijl ze zich probeert aan te kleden om naar haar werk te gaan. De jongen denkt dat door haar bloot te stellen aan sterke gevoelens, ze weer de oude wordt.

Dan komt de nationale ramp: Momo ontmoet voor het eerst zijn vader, Kadir Youssef. Na te zijn opgesloten in een psychiatrisch ziekenhuis na de moord op zijn vrouw, een prostituee en Momo's moeder, stormt Youssef op een middag binnen wanneer Madame Rosa bij zinnen is, om zijn zoon terug te krijgen, die hij elf jaar eerder bij haar had achtergelaten. Madame Rosa doet dan alsof ze op dezelfde dag twee kinderen heeft gekregen en dat ze de ene voor de andere had aangezien. Ze geeft Moïse (joods) door als de zoon van Kadir Youssef (moslim), die uit emotie bij het horen van het nieuws sterft aan een hartaanval. Moïse is dolblij dat hij plotseling vier jaar ouder is, maar vraagt zich af of hij binnenkort weer alleen zal zijn. Hij ziet Madame Nadine en haar man weer, in shocktoestand, en vormt een band met het echtpaar, aan wie hij zijn verhaal vertelt. De band wordt echter verbroken als de kinderen van Madame Nadine arriveren en Momo, die zich veroordeeld voelt, wegloopt.

Kort daarna verklaart dokter Katz met klem dat Madame Rosa naar het ziekenhuis moet worden overgebracht. Momo vraagt hem vervolgens om haar te euthanaseren. Hij weigert, maar is geroerd door zijn verzoek en benadrukt zijn gevoeligheid.

Terwijl de dokter erop staat dat Madame Rosa naar het ziekenhuis wordt gebracht, liegt Momo tegen haar over de aanstaande komst van de familie uit Israël – volledig denkbeeldig – die voor haar zal zorgen. Het ziekenhuis is dus niet meer nodig. Madame Rosa, die alles heeft gehoord, bedankt Momo voor zijn leugen.

Terwijl Madame Rosa's toestand verslechtert, sust Momo de buurt met zijn leugen. Hij regelt haar overbrenging naar haar Joodse schuilplaats, waarvan niemand weet: daar kan ze rustig sterven. Een paar dagen later blaast Madame Rosa haar laatste adem uit met Momo aan haar zijde en hij doet haar make-up en besproeit haar met parfum. Hij blijft drie weken naast haar lichaam liggen.

Aan het eind van de roman wordt duidelijk dat het verhaal gericht is tot Madame Nadine en Ramon, het echtpaar dat zich over hem ontfermt.

KARAKTERSTUDIE

MOMO

Momo, de verteller van de roman, is een jongen van 10 of 11 jaar oud. Als kind van een prostituee wordt hij sinds zijn derde jaar ondergebracht bij Madame Rosa, die zelf een voormalige prostituee is.

Momo weet niets van zijn afkomst. Bij toeval verneemt hij dat alle kinderen een moeder hebben en hij zoekt haar vanaf dat moment gretig op.

Ook stelt hij zichzelf veel vragen over zijn bestaan. Hij weet niet veel over zichzelf: hij weet dat hij moslim is ("Lange tijd wist ik niet dat ik Arabisch was omdat niemand me beledigde") en dat hij Momo heet ("Ik heet Mohammed, maar iedereen noemt me Momo omdat dat korter is"). Hij vermoedt dat er mysteries over hem bestaan, vooral over zijn leeftijd.

Soms heeft Momo woede-uitbarstingen die Madame Rosa bang maken. Zij vreest dat Momo dezelfde "geestelijke gebreken" als zijn vader heeft geërfd. Meneer Hamil en dokter Katz, met wie Momo een echte band van genegenheid opbouwt, herkennen een grote gevoeligheid in Momo die hem heel anders maakt dan andere kinderen.

De jongen ontwikkelt een ongelooflijk tedere relatie met Madame Rosa. Hij doet alles voor haar terwijl hij zich zorgen maakt over wat zijn eigen lot zal zijn als zij niet meer bij hem is ("We hadden alleen elkaar in de wereld, en dat was het redden meer dan wat dan ook waard"). Maar Momo is een jongen met veel mogelijkheden: hij vindt in zichzelf de kracht die nodig is om aan zijn moeilijke bestaan te ontsnappen (hij ontsnapt in zijn dagdromen, hij ontmoet Madame Nadine) door een rijk innerlijk leven te ontwikkelen.

Momo vertelt over de wereld om hem heen, vanuit zijn perspectief, met zijn begrip van de wereld en in zijn eigen taal. Het hele boek is georganiseerd volgens zijn perceptie van de gebeurtenissen. Hij vertelt zijn herinneringen zoals ze komen, al dan niet in chronologische volgorde, terwijl hij een taal ontwikkelt die het verhaal nog unieker maakt en er kleur aan geeft.

MADAME ROSA

Madame Rosa, een Poolse Jood, is een overlevende van Auschwitz en een voormalige prostituee. Ze neemt de kinderen van prostituees op in haar appartement in Belleville. Ze is oud, mollig en niet erg charmant. Toch blijft ze zuinig op haar uiterlijk en besteedt ze bijzondere aandacht aan haar parfum en make-up.

Madame Rosa heeft een wonderbaarlijk tedere relatie met Momo, de oudste jongen in haar huis, voor wie zij zorgt in ruil voor een maandelijkse betaling van driehonderd frank. Madame Rosa is een echte adoptiemoeder of surrogaatmoeder voor Momo. Ze geeft hem liefde, maar ook angst – een angst die zal leiden tot zijn ontmoeting met Madame Nadine en haar man.

Haar gezondheid gaat in de loop van het boek achteruit. Ze vreest "als een groente te eindigen" in een ziekenhuis. Ze laat Momo beloven elke poging om haar intensieve medicatie te geven te voorkomen.

Ze heeft in het geheim een "Joodse schuilplaats" ingericht, een kamer met rudimentair comfort in de kelder, waar alleen Momo weet van heeft, en hier zal ze sterven.

DR. KATZ

Dr. Katz is een Joodse arts die voor Momo en Madame Rosa zorgt. Hij dient als een vaderfiguur voor de verteller ("Als ik naar hem keek, dacht ik vaak dat als ik een vader had, ik Dr. Katz zou hebben gekozen.").

Hij herkent Momo's grote gevoeligheid en is ontroerd als hij ziet hoe hij in actie komt om de marteling van mevrouw Rosa in het ziekenhuis te voorkomen. Hij weigert echter haar te euthanaseren wanneer Momo hem dat vraagt uit "solidariteit tussen Joden". Dr. Katz is getuige van de wederzijdse genegenheid die Momo en Madame Rosa verbindt. Zijn wachtkamer dient als toevluchtsoord voor het kind dat erheen gaat om te ontsnappen door te dagdromen.

MR. HAMIL

Meneer Hamil, een gepensioneerde rondtrekkende tapijthandelaar, brengt al zijn tijd door in het café van meneer Driss met het lezen van de Koran en *Les Misérables* van Victor Hugo (Franse schrijver, 1802-1885). Meneer Hamil is Momo's vriend, en hij is een oudere moslim die het kind alles leert wat hij weet ("Ik weet niet wat ik zou zijn geworden zonder meneer Hamil die me alles heeft geleerd wat ik weet").

Mr Hamil en Momo hebben een relatie gebaseerd op discussie. Ze hebben het vooral over het begrip menselijke wijsheid. De oude man wordt, net als Dr. Katz, geraakt door Momo's gevoeligheid. Met hem ontsnapt de jongen door na te denken. Meneer Hamil vertelt Momo dat zijn lot in de poëzie of het schrijven ligt. De volwassenen maken de verteller duidelijk dat hij zijn gevoeligheid kan gebruiken als motor om een positief leven voor zichzelf te creëren.

ARTHUR

Arthur is Momo's denkbeeldige vriend. Hij is een paraplu, van top tot teen gekleed ("Ik maakte hem een hoofd met een groene lap die ik om het handvat krulde, en een mooi gezicht, met een glimlach en grote ogen, met behulp van Madame Rosa's lippenstift"). Momo gebruikt deze paraplu als morele en financiële steun: op moeilijke dagen stelt Arthur hem in staat geld te verdienen op straat.

MADAME NADINE

Madame Nadine is de jongedame die Momo ontmoet op de dag dat hij de etalage van een warenhuis bij de opera bewondert. Hij is ontroerd door het circus dat daar staat opgesteld en zij is ontroerd als hij zich voor het spektakel vergaapt. Ze vormen een sterke band die Momo hoop geeft voor de toekomst, wanneer Madame Rosa niet meer bij hem is ("Ze was mager en aan de manier waarop ze liep, kon je zien dat ze zes verdiepingen omhoog had kunnen lopen en meerdere keren per dag pakjes droeg").

Momo zal zijn levensverhaal vertellen aan Ramon (de man van Madame Nadine en een psychiater) en Nadine, die hem aan het eind van het boek onder hun hoede nemen.

ANALYSE

MOMO'S TAAL

Het belangrijkste kenmerk van *Een heel leven voor je* is dat de roman wordt verteld door een 11-jarige jongen. De stem die het verhaal vertelt geeft ook alle kleur aan het verhaal, omdat Momo een eigen taal gebruikt.

Bovendien ontwikkelt Momo zich binnen een bepaalde arbeidersklasse, die van de prostitutie, en worden de woorden gebruikt om deze harde en rauwe context te beschrijven. Maar wanneer ze door Momo worden gebruikt, worden ze teder en geven ze geen inzicht in *een* omgeving – de prostitutie – maar in *Momo's* omgeving – de omgeving waarin hij evolueert en opgroeit.

Bovendien is Momo's woord- en taalgebruik belangrijk in de zin dat juist dit de basis vormt van de roman, waardoor hij zich onderscheidt: "Madame Rosa zei dat een kind gedramatiseerd was als hij een drama had gehad, zoals de term impliceert. Als dat gebeurde, weigerde hij iets met het leven te maken te hebben. Dat is boven alles het ergste wat een kind kan overkomen"; "Moïse kwam terug zoals hij beloofd had en toen kregen we de nationale ramp ter ere van mij en die verouderde mij in één klap", enz.

De bijzonderheid van Momo's taal is vooral te danken aan het feit dat Romain Gary een aantal gesproken taalkenmerken imiteert:

- Hij gebruikt veel aanwijswoorden, namelijk "dit" en "dat";

- Het taalgebruik is vulgair en alledaags: "togged up", "zeur", "hoer", enz;

- Uitspraak is bij benadering;

- Er zijn problemen met de tijdsovereenstemming: "Ik ging naar het café van meneer Driss en ik zit voor meneer Hamil…"

Hij speelt ook met de betekenis van woorden zoals Momo die opvat, die voortdurend in strijd is met hun algemeen aanvaarde betekenis: "Ik kan het je niet vertellen want ik ben niet gedate"; "Al die verhalen over kinderen die niet op tijd geaborteerd konden worden en niet nodig waren"; "Weet je wat een hoer is? Dat zijn mensen die zich verdedigen met hun kont"; "[…] maar [Madame Rosa] heeft zich jarenlang verdedigd in Marokko en Algerije", enz. Of zelfs het feit dat talloze uitdrukkingen worden gebruikt (niet altijd passend): "Geloof in mijn oude ervaring".

Aan het eind van het boek reflecteert Momo op zijn eigen taalgebruik, waarmee hij aangeeft zich ervan bewust te zijn dat hij woorden op een persoonlijke manier gebruikt: "Madame Rosa was in een stommiteit. Ja, een stupor, dank je, ik zal het de volgende keer onthouden. Ik heb vier jaar shock gehad en het valt niet mee. Op een dag zal ik zeker spreken zoals iedereen, daar is het voor".

EEN ROMAN OVER OORSPRONG EN TOEKOMST

Gedurende het hele boek beweegt Momo zich tussen de behoefte om te weten waar hij vandaan komt en de behoefte om te weten wat er met hem zal gebeuren als Madame Rosa sterft.

Het boek opent met een oorsprongsvraag met het mysterie van de moeder. Momo is op zoek naar zijn moeder, of welke moeder dan ook. Hij zoekt zowel degene die hem gebaard heeft als degene die zijn plaatsvervangende moeder, Madame Rosa, zal vervangen. Daartoe probeert hij de aandacht te trekken van de vele vrouwen in het boek.

Maar het is ook een kwestie van de vader, zowel degene van wie hij droomt (als hij geen politievader idealiseert, zegt hij dat Dr. Katz ook een goede ouder zou zijn) als zijn echte vader: Kadir Youssef, die op een dag in zijn leven verschijnt.

Zijn echte vader sterft (gedood door een plotselinge hartaanval), waardoor Momo vrij blijft van een bloedverwant die hem niets had kunnen brengen ("Ik ging toch naar beneden, ik zat naast het lichaam van meneer Youssef en bleef daar even zitten, ook al konden we niets voor elkaar doen"). De dood van zijn vader is, net als de dood van Madame Rosa, voor Momo een kans om een nieuw leven voor zichzelf te creëren, om verder te gaan dan zijn afkomst.

Extra informatie: Het Ajar mysterie

Toen *Gros-Câlin*, de eerste roman geschreven onder het pseudoniem Émile Ajar, in 1974 uitkwam, werd het hele Parijse literaire veld opgeschud. De identiteit van de man achter deze originele en inventieve stijl was inderdaad onbekend, en allerlei min of meer bizarre veronderstellingen over de werkelijke identiteit van de auteur deden de ronde: sommigen meenden dat hij een Libanese terrorist was, anderen dachten dat het om het werk van "grote auteurs" als Aragon of Queneau ging.

Het Ajar mysterie bereikte een hoogtepunt een jaar later, toen *The Life Before Us* uitkwam en een groot succes werd, waardoor het een favoriet werd om de Prix Goncourt te winnen. Gary, uit angst om ontmaskerd te worden en ongetwijfeld genietend van de sfeer van mysterie tot het einde, sloot een overeenkomst met Paul Pavlowitch, zijn jongere neef, om hem de rol van Ajar te laten spelen. Dit bedrog deed wonderen en het publiek was verheugd eindelijk het antwoord op het mysterie te zien. Ook critici trappen in de truc. Terwijl Gary wordt beschouwd als een "aangespoelde schrijver", prijst men het genie van Ajar (waarbij sommigen Gary zelfs adviseren een voorbeeld te nemen aan zijn neef). De waarheid zou jaren later uitkomen, na Gary's dood, het publiek in ongeloof achterlatend en Paul Pavlowitch bevrijdend van een lastige last.

HOE DE WERKELIJKHEID TE SUBLIMEREN

Alle volwassenen rondom Momo zijn het erover eens dat hij zo gevoelig is dat het hem onderscheidt van de rest.

Hamil voorspelt dat hij een creatief leven zal leiden (als dichter of schrijver). Hoe dan ook, Momo maakt gebruik van de nodige middelen om te ontsnappen aan de werkelijkheid die hem omringt. Hij neemt er afstand van, hetzij om een nieuwe, mooiere werkelijkheid te scheppen, waarin hij zijn toevlucht kan zoeken bij anderen (de leeuwin, de clowns), hetzij om de voorwaarden te scheppen waardoor hij een nieuwe, even mooie werkelijkheid kan ontdekken in een nieuwe context (bij de dood van Madame Rosa wordt Momo opgevangen door de familie van Madame Nadine): "Ik kan ze naast me zien [de clowns] als ik dat wil. Ik kan iedereen naast me zien als ik dat wil, King Kong of Frankenstein en zwermen roze vogels dankzij de verbeelding."

Momo maakt gebruik van al zijn creativiteit om omstandigheden te scheppen die hem in staat stellen een moeilijke situatie onmiddellijk het hoofd te bieden. Maar door het concrete gebruik van zijn verbeelding en zijn dagdromen kan hij ook creatief zijn over de toekomst. Momo investeert en voedt de band tussen hem en Madame Nadine voldoende, en wel zodanig dat haar man zal besluiten voor hem te zorgen wanneer Madame Rosa vertrekt.

VERDERE REFLECTIE

ENKELE VRAGEN OM OVER NA TE DENKEN...

• Romain Gary is niet de enige romanschrijver die belang hecht aan oraliteit in een tekst. Welke andere opmerkelijke werken kiezen voor een bepaalde taalstijl? Wat zijn de literaire implicaties hiervan?

• Welke andere werken uit de Franse literatuur gebruiken een toon van humor en ironie om een belangrijke maatschappelijke realiteit aan te kaarten? Wat zijn de gevolgen van een dergelijke houding voor de overgebrachte boodschap?

• Wat zou voor Momo de functie kunnen zijn van de voorwerpen en dieren (echt of denkbeeldig) waaraan hij zich hecht? Leg je antwoord uit.

• In de laatste hoofdstukken verzet Momo zich heftig tegen Dr. Katz met betrekking tot Madame Rosa. Welk standpunt verdedigt Momo? Wat houdt het in? Waarom reageert Dr. Katz zo?

• Momo's taal is zeer kleurrijk. Kijk naar alle filosofische stelregels die hij als basis gebruikt. In hoeverre zijn ze representatief (of niet) voor zijn waardesysteem?

• Hoe zou u na het lezen van zo'n boek normaliteit definiëren?

- Hoe zou mevrouw Rosa's "Joodse schuilplaats" anders geïnterpreteerd en begrepen kunnen worden?

- Kunnen we zeggen dat *The Life Before Us* van grotesk naar subliem gaat? Waarom?

- In 2006 publiceerde de Amerikaanse romanschrijver Jonathan Safran Foer *Extremely Loud and Incredibly Close*, *waarin* de verteller een 9-jarige jongen is. Leg deze keuze van de verteller uit aan de hand van *The Life Before Us*.

VERDER LEZEN

REFERENTIE-UITGAVE

Gary, R. (1977) *Een heel leven voor je.* Trans. Manheim, R. New York: New Directions Books.

REFERENTIESTUDIE

Lecarme-Tabone, É. (2005) La Vie devant soi *de Romain Gary*. Parijs: Gallimard.

AANPASSINGEN

La vie devant soi. (1977) [Film]. Moshe Mizrahi. Dir. Frankrijk: Lira Films.

The Life Before Us. (2008) [Play]. Didier Long. Dir. (Bewerkt door Xavier Jaillard).

*We horen graag van jou! Laat
een reactie achter op jouw online bibliotheek
en deel je favoriete boeken op social media!*

Waarom kiezen voor Must Read?

Kom alles te weten over een boek
met onze beknopte en diepgaande
samenvattingen en analyses!

Ontdek het beste uit de literatuur
in een compleet nieuw licht!

www.50minutes.com

De uitgever garandeert de betrouwbaarheid van de gepubliceerde informatie, die echter niet onder zijn verantwoordelijkheid valt.

© 50minutes.com, 2023. Alle rechten voorbehouden.

www.50minutes.com

Master ISBN: 9782808687577
Papier ISBN: 9782808698979
Wettelijk depot: D/2023/12603/1177

Omslag: © Primento

Digitaal ontwerp: Primento, de digitale partner van uitgevers.